AF509232

« La Muse de Sarrasin a ...... des graces
» inimitables ; mais elle n'a paru jamais si charmante
» que quand elle a pleuré la mort de son aîné. (1)

» Tous les rieurs pleuroient et se plaignoient du sort,
» Qui par une funeste mort,
» Leur vint oster les ris en leur ostant Voiture :
» Mais lorsque sur sa sépulture
» Sarrasin eut versé des pleurs,
» L'on vit rire tous les pleureurs ;
» Dans cette nouvelle avanture
» Chacun disoit à son voisin
» Que les larmes de Sarrasin
» Valoient bien les ris de Voiture.

(Nouvelles œuvres de Le Pays. Barbin 1672.
Seconde Partie. pag. 286.)

(1) La Muse
de Voiture.

On lit dans l'anti=Baillet que l'abbé de Montreuil déroba
le proc. de Ménage à l'abbé Giraud (son secretaire) et le fit
imprimer le 9 mai 1649

erreur. je croyais avoir joint ici la p.te Req.

De la requête des dit. de Ménage dont Montreuil
paraît avoir été héritier subreptice

Voiture mourut au mois de Mai 1648, et
en 1649 Sarrasin publia la Pompe funèbre,
depuis (en 1656) reproduite dans les œuvres.

C'est donc ici la première édition, devenue
très rare.

J'y joins le portrait de Sarrasin par
Monteuil, belle épreuve.

Je place à la suite une petite pièce qui
en peut être unique, intitulée : La défaite des
bouts rimés, poème héroïque par M. Sarrasin.

Une note autographe de Tallemant des Reaux porte :
« Sarrasin avoit fait la défaite des bouts-rimés, [1]
» mais il ne la vouloit point donner ; c'étoit du
» temps du mariage du P. de Conty. Pour luy faire
» malice Pellisson et Ysarn, firent imprimer cecy
» pour le faire crier devant la porte de Sarratin, à ce
» qu'il y eut de meilleur, c'est que l'imprimeur trouvoit
» la préface admirable. » Une autre note à la page 8 en
aussi de la main de Tallemant. L'épitre de d'Ysarn.

Cette pièce s'est trouvée dans un des portefeuilles
de Tallemant dont j'ai parlé dans ma notice.

[1] voir les œuvres de
Sarrasin.

(24 Juin 1849.)

IEAN FRANÇOIS SARRASIN CONSEILLER ORDINAIRE DV ROY EN SES CONSEILS
Nanteuil
delin
1655
et sculp
1655
Pour escrire, en Stile diuers
Ce rare Esprit surpassa tous les autres,
Je n'en dis plus rien, car ses vers
Luy font plus d'Honneur que les noſtres.

LA POMPE FVNEBRE DE VOITVRE.

AVEC LA CLEF.

M. DC. XLIX.

LA POMPE
FVNEBRE A M^R.
MENAGE.

'AY vne tres-mauuaise nouuelle à vous mander, mais pour cela ie ne vous exhorteray point à vous seruir de vostre constance, à lire cét Epictete, ny à vous preparer contre le malheur. Ie ferois tort à vostre vertu de croire qu'on la pust surprendre, & il me doit souuenir, à cette heure que i'ay vne pareille ambassade à vous faire, de la maniere dont Homere se sert pour apprendre à Achille la mort de Patrocle : Si celuy qui annonçoit à son amy le trespas de ce Heros eut agy auec vne personne vulgaire, il eut fait faire des pauses à sa douleur, il l'eut conduit par des degrez iusques où il le deuoit mener : premierement, il luy auroit dit, que Patrocle venoit de se battre contre Hector, qu'il auoit esté blessé en ce combat, & luy auroit auoüé en fin qu'il y estoit succombé. Cela ne se passe point de la sorte chez le Poëte, le messager va son droict chemin, & comme si ce n'estoit pas assez de dire à Achille Patrocle est mort, il debutte par ces mots. Patrocle gist, & commence ce recit par son Epitaphe, ainsi ie ne vous en

A

feray point à deux fois, & pour vous traicter comme vn grand homme, ie vous diray tout d'vn coup,

Voiture ce pauure mortel,
Ne doit plus estre appellé tel
Voiture est mort, amy Ménage,
Voiture qui fort galamment
Auoit fait ie ne sçay comment
Les Muses à son badinage,
Voiture est mort c'est grand dommage.

Si vous me demandez dequoy, ie vous diray, qu'ayant escrit qu'il n'estoit pas glorieux de mourir de la fiévre, cette maladie qui prend les choses chaudement, & qui se ressouuient tousiours que les Romains l'ont adorée, n'auoit peu souffrir ce mespris, & qu'apres auoir bruflé deux ans Voiture à petit feu, lorsqu'elle sembloit estre satisfaite d'vne si cruelle vengeance, tout d'vn coup elle auoit redoublé sa haine contre luy auec tant d'ardeur & de violence, qu'elle l'auoit emporté en quatre iours. C'est à quoy l'on attribuë la cause de sa mort, & ce qui me paroist assez vray-semblable. Ie ne vous entretiendray point des ouurages que nos amis ont composez sur ce suiet, de la tristesse vniuerselle de la Cour du grand dueil qu'ont pris Messieurs de l'Academie : & enfin de ce qui s'est passé entre les hommes aux derniers deuoirs qu'on a rendus à Voiture. I'ay bien de plus grands mysteres à vous reueler, l'ay à vous apprendre ce qui s'est fait au parnasse, & combien illustres ont esté les funerailles dont Apollon & les Muses ont honoré le deffunct ne demandez point qui m'en a instruit, c'est vn secret
trop

trop grand pour le confier à vne lettre, peut estre si
nous sommes iamais teste à teste, vous le diray-ie à
l'oreille, pour cette fois contentez-vous de ce que
ie vous vais reciter,

Lors que des demy-Dieux les ames eternelles,
Delaissans pour iamais leurs dépoüilles mortelles,
Volent vers les beaux champs ou la Paix & l'Amour,
Et les plaisirs tous purs ont choisi leur sejour,
Si pendant les trauaux de leur illustre vie,
Ces Heros ont suiuy la fortune de Mars,
Et si la gloire acquise au milieu des hazards,
A fait leur plus grande enuie
Sur vn Char triomphant pompeusement armé,
Mars celebre la mort de ceux qui l'ont aymé
Par de sanglantes funerailles,
Par cent combats fameux, par cent fieres batailles:
Par la cheute de cent murailles.
Mais si d'autres Heros d'vn sentiment plus doux,
(Car il est des Heros d'vne douce maniere)
(Il en est de Iustice, il en est de Breuiaire)
Ont estimé de grands fous,
Ceux qui se fourrent aux coups,
Et n'ont cherché que la gloire
Qui vient aux adorateurs,
Des neuf filles de Memoire,
Nommez Autheurs.
Soudain que la mort a pris
Quelqu'vn de ces beaux esprits,
(Vn Poëte par exemple)
Apollon sort de son Temple,
Et sur Parnasse montant,
Tous les Autheurs l'assistant,
Couuert d'vne robbe noire,
Et d'vn grand crespe de deuil,
D'vne pompe funebre honore son cercueil.
Ie vous coniure de m'en croire,

Sans demander quoy ny comment,
Car en fin ſi ſeulement
Vous en doutiez vn moment
Ie quitterois là l'Hiſtoire
Qui n'a que ce fondement.

Suppoſé donc que vous me croyez, ie continue-
ray à vous dire qu'auſſi toſt que le foible Voiture eut
rendu l'eſprit, le Genie qui l'auoit accompagné pendant le cours de ſa vie, partit, ſelon la couſtume, pour
en porter la nouuelle au Parnaſſe : Mais parce qu'il
eſtoit delicat, qu'il faiſoit la pluſpart de ſes traites en
littiere, & qu'il s'amuſoit à badiner par les Hoſtel-
leries, Voiture eſtoit pleuré parmy les hommes qu'A-
pollon ne ſçauoit pas encor qu'il fuſt mort. On fit
diuers iugemens de ce Genie dans les lieux où il
paſſa : les vns le prenoient pour vn Genie enioué, les
autres pour vn Genie particulier, quelques-vns
pour vn grand Genie. Il ne ſembla commun à pas
vn, & pas vn ne le trouua mauuais. Auſſi-toſt que la
nouuelle de la mort de Voiture fut ſçeuë d'Apollon,
il fit eſcrire & porter les billets de ſon ſeruice, qui ne
different des noſtres qu'en ce que c'eſt au nom du
Dieu qu'on prie & qu'ils ſont eſcrits en vers : voicy
celuy de Voiture.

De par le fils de Iupiter
Vous eſtes priez d'aſſiſter
Aux funerailles de Voiture,
Qui demain Mardy ſe feront
Au Parnaſſe en ſa ſepulture.
Où les Muſes ſe trouueront.

Tout le monde ſpirituel eſtant ainſi conuié le Mardy qui fut le ſeptiéme de Iuillet de l'année 1648. Car

pour vous dire, desja vne partie du secret, cecy se
passoit au Parnasse à mesure que ie l'escriuois. On
commença la ceremonie des funerailles,

Au point de la clarté naissante,
L'Aurore pasle & languissante
Quand la porte du iour s'ouurit,
De nuages noirs se couurit,
Taschant par ses couleurs funebres
A continuer les tenebres
Sous ces tristes manteaux de deuil,
Elle parut la larme à l'œil
Et rendit en cette auanture
Cephale ialoux de Voiture
Du grand deluge de ses pleurs,
Elle noya toutes les fleurs,
Et grossit les flots d'Hypocrene
Presque autant que ceux de la Seine,
Quelqu'vn qui cét endroit lira
Quelque bel esprit me dira,
Qu'encor que Voiture eust des charmes,
Il ne meritoit pas ces larmes.
Que l'Aurore se faisoit tort,
De pleurer chaudement sa mort:
Veu qu'il monstroit par tout pour elle
Vne auersion naturelle,
Ne la voyant que rarement,
Et tousiours fort chagrinement,
Se couchant quand elle alloit naistre,
Luy fermant au nez la fenestre,
Et mesmes estant si hardy
De receler iusqu'à Midy
Sous vne pesante paupiere,
Le sommeil qui hait la lumiere.
Entre nous cette obiection
Fait d'abord quelque impression,

Et merite qu'on y responde,
Or voicy sur quoy ie me fonde,
Ie dis donc que ce grand ennuy
N'estoit point pour l'amour de luy,
Mais seulement pour l'amour d'elles,
I'entends des neuf doctes pucelles,
Qui depuis long-temps se dit-on,
Gouuernent Madame Tithon,
Et qui toutes l'auoient priée
Comme leur meilleure alliée.
De pleurer de bonne façon
Le trespas de leur nourrisson.
Ce qu'elle auoit bien voulu faire,
Dans la crainte de leur deplaire,
Et de perdre ses beaux habits,
D'or, de perles & de rubis
Dont ces neuf sœurs l'ont equippée
Comme l'on fait vne poupée,
Mesme on dit que sans s'affliger
Elle les pouuoit obliger :
Car cette Deesse amoureuse,
De sa nature est fort pleureuse:
Or dans peu l'orage cessa,
Et soudain le Conuoy passa.

Premierement parurent les Graces, les cheueux
en desordre & sans leurs guirlandes accoustumée :
elles auoient deschiré leurs vestemens, pour tesmoi-
gner leur déplaisir , & venoient quasi nuës , Elles
conduisoient cinquante Amours communs , qui
portoient au lieu de leurs flambeaux ordinaires, des
torches à demy esteintes de leurs larmes, & marchoient deux à deux ayans leurs bandeaux rompus
leurs carquois renuersez & vuides : Leurs arcs traï-
nans & leurs aisles ployées & basses. Trente petits
Cupidons

Cupidons fuiuoient ceux-cy, & faifoient beaucoup
plus les affligez que leurs compagnons, mais on
foupçonnoit cette grande douleur d'hipocrifie, d'autant que ces trente eftoient tous Amours coquets,
qui font de grands Comediens, & qui ne reffentent
iamais les paffions qu'ils tefmoignent. Le deffunct
n'auoit point eu en fon viuant de plus chers amis, ny
qu'il euft plus volontiers employez en fes affaires,
auffi eftoient-ils choifis pour porter vne partie des
honneurs de la pompe, & tenoient, l'vn la bigotere, l'autre le miroir, l'autre les pincettes, & enfin les
autres les peignes d'efcaille de tortuë, les boettes
de poudre, les pommades, les effences, les huilles,
les fauonnettes, les paftilles & le refte des armes qui
auoient feruy aux conqueftes du grand Voiture.
Mais voyez comment on fe trompe au choix qu'on
fait des amis: Ces petits fripons qui penfoient duper
le móde auec leurs larmes feintes, dés qu'ils croyoiét
n'eftre point apperceus, badinoient auec les chofes
qu'ils portoient, l'vn faifoit des grimaces deuant le
miroir, l'autre fe bridoit de la bigotere, l'autre tiroit
les poils des fourcils de fes compagnons auec les
pincettes. Il y en auoit mefme vn qui s'enfarinoit de
la poudre, & vn autre qui fe faifoit des lunettes de la
peinture, dont dans les derniers temps Voiture ra-
ieuniffoit fa barbe. Apres eux paroiffoient vingt
grands Cupidons, couronnez de palmes & de cyprés,
armez en Amour: Mais ayant leurs armes couuertes
de crefpe, ils portoient les marques de plufieurs vi-
ctoires galantes, des bracelets de cheueux, des ba-

gues, des rubans, des bourses pleines d'argent, des bauolets & des aprestadors de pierreries, car Voiture auoit aymé depuis le sceptre iusques à la houlette, depuis la couronne iusqu'à la calle.

Vn certain Amour de respect,
Amour d'ordinaire suspect,
Et qui demande dauantage
Qu'il ne monstre dans son visage,
Auec vn autre Amour discret,
Qui se pique d'estre secret,
Suiuoient cette braue vingtaine,
Portant deux cassettes d'ebene.

Ces cassettes estoient remplies, l'vne de Poulets, & l'autre de boettes de portrait, les poulets estoient cachetez, & les boettes de portraict fermées. On voyoit apres eux vn Amour seul, qui auoit la mine d'vn enfant fort opiniastre, on l'appelloit l'Amour Constant, celuy-là de sa nature est bien plus dangereux que ses Freres : Le mauuais garçon auoit si cruellement tourmenté Voiture, que pour exprimer le desordre de son ame. Il l'auoit contraint de faire imprimer au deuant du Poeme de l'Arioste, qu'il n'estoit pas moins furieux que Roland, aussi depuis ces mauuais traittemens, Voiture ne l'auoit iamais peu souffrir, non pas mesme en la personne de l'Angelique, pour laquelle il auoit tant enduré, tellement que cette pauure Dame en auoit esté persecutée à son tour.

Elle auoit souffert sa blessure,
Sur la terre & les flots par le monde courant
Pour Voiture,

Mais pour Voiture indifferent.
Tantost suiuant sa debile personne,
Des riuages de Seine au riuage de Somme,
Et cela veut dire en somme,
Depuis Paris à Peronne, 1
Pourtant sur les chemins, chantant gaillardement
Pour flatter son tourment.
PVIS QVE VOITVRE S'ESLOIGNE 2
IE M'EN VAIS DANS LA POLOGNE.
D'vn si bon conte c'est assez,
Ménage vous la cognoissez,
Et vous sçauez toute l'histoire
Du grand conducteur CVISSE-NOIRE. 3
Reuenons donc à nos moutons,
Qui sont les Amours, & contons.

On ne s'estonna pas de voir cét Amour Constant à l'enterrement d'vn homme qui le haïssoit si fort : car c'est sa coustume (au moins à ce qu'il iure) de durer iusques au tombeau, de vaincre mesme la mort, & de se perpetuer comme vn Phœnix dans les cendres de la personne aymée, apres auoir esté comme vn Phœnix bruslé de ses deux Soleils,

Mais de tels discours fort souuent
Autant en emporte le vent,
Et peu de gens vant à l'eschole
De la veufue du Roy Mausolée
Or cela soit dit en passant
Pour la belle que i'ayme tant :
Enfin suiuoit vne volée
Grande & confusément meslée.
D'Amours de toutes les façons,
C'estoient tous ces oyseaux garçons
Dont Voiture a donné la liste,
Apres on voyoit sur leur piste
Les Amours d'obligation,

1 Quand il alla conduire la Reyne de Pologne.

2 Il y auoit vne chanson du Pont neuf de la Reine de Pologne, dont la reprise estoit puis qu'il faut que ie meslogne, &c.

3 Il n'y a autre finesse sinon que le meneur de Mc. Saintot ayant voulu espouser sa suiuante, elle dit qu'il auoit les cuisses trop noires.

Dans l'Epistre à Monsieur de Colligny.

Les Amours d'inclination,
Quantité d'Amours idolatres,
Vne trouppe d'Amours folastres
Force Cupidons insensez,
Des Cupidons interessez:
De petits Amours à fleurettes,
D'autres petites amourettes.
Mesmement de vieilles amours
Qui ne laissent pas d'auoir cours,
En dépit des amours nouuelles.
Et qui mesme sont assez belles;
Car vous sçauez qu'on dit tousiours
Qu'il n'est point de laides amours:
Et bref tant d'amours qu'à vray dire,
On ne pourroit pas les descrire,
Comme l'on voit les estourneaux
Tournoyans aux riues des eaux,
Lors que la premiere froidure
Commence à ternir la verdure,
Leur nombre qui surprend les yeux,
Noircit l'air & couure les cieux,
Tels ou plus espais ce me semble
Se pressans cheminoient ensemble,
Tous les Amours de l'Vniuers,
Mais vn peu de treve a nos vers,
Et pour discourir d'autre chose
Retournons tout court à la prose.

Les Amours acheuoient de passer lors que l'on
vit venir les Auteurs que Voiture auoit aymez, &
ausquels il auoit fort affecté de ressembler: Ils ho-
noroient cette Pompe de leur presence, & marchoient selon leurs degrez d'ancienneté: Les Latins
alloient les premiers, car pour les Grecs, d'autant
que Voiture pretendoit que tout François de par
Francus descendoit d'Hector, il les auoit tousiours
hays

hays comme les ennemis de ses peres: Il auoit com-
posé quelques Epistres & quelques vers que l'an-
cienne Rome auroit approuuez, & pour l'en recom-
penser plusieurs prioient Tibulle & Pline de pleurer
sa mort par vne Eloge, & de reciter son panegyrique.
Mais ils s'en excusoient tous deux, l'vn par ce qu'il
y auoit long-temps qu'il n'auoit fait de vers. l'autre
sur ce qu'il ne haranguoit plus depuis qu'il estoit
mort, & vous les renuoyoient, protestans que vous
composiez des vers dignes du siecle d'Auguste, &
que vostre eloquence égalloit celle des dix Orateurs,
vne partie de leur trouppe chantoit les loüanges de
ce bel esprit: voicy cinq ou six des vers dont ils pretendoient honorer sa tombe.

Pullas Apollinis,
Heu lacrimabili!
Morte peremptus,
Inclitus istâ
Conditur vrnâ.
Spargite flores,
Et tumulo leui,
Hoc mansurum
Addite Carmen.
Vitturius nulli nugarum lâude secundus.

Les Italiens marchoient apres les Latins, & auoient
comme eux,

Sonetti madrigaletti
Versi sciolti vezzozetti
Di Vincenzo Vetturetti.

Le Cieco d'Adria qui les entendoit loüer Voiture, demandoit au Tassoné qui le conduisoit,
qui estoit ce François dont on disoit tant de bien,
car pour luy il ne l'auoit iamais veu ny iamais leu au-

cun de ſes ouurages, le Taſſoné à ſa mode accouſtu-
mée luy reſpondit,

> Era quel Veturetto vn Chriſtiano,
> Manninconico in viſta e picciolino
> Ma d'ingegno tan' grande é ſopra humano.
> Che Pegazo caual da paladino
> Sotto quel graue peſo andaua piano.
> E parea caual da Vetturino:
> Benche tal volta porti ſù la ſchiena
> Di Poeti moderni vna dozena.

Les Eſpagnols paſſoient les troiſieſmes, & di-
oient en chemin faiſant, vnas decimas que Voiture
auoit compoſee en Caſtillan.

> Ces gens rauis de la beauté
> De ces vers pleins de maieſté,
> Admiroient vn ſi noble ouurage,
> Et chacun au ſtile trompé
> Crioit tout haut en ſon langage.
> Es dé Lopé, es dé Lopé.

> Lopé qui ſe voyoit flatter,
> Pour oſter tout lieu de douter
> Qu'il n'euſt fait ce diuin Poeme,
> D'vne fauſſe gloire pippé,
> Crioit comme vn diable luy meſme,
> Es dé Lopé, es dé Lopé.

> Y los echos de Parnaſſo
> Por fauoreſcer Vettura,
> Otro Narciſſo moderno,
> Aunque es dé Lopé oieron
> Es de Vettura dixeron.

Apres ces Auteurs Eſtrangers paroiſſoient nos
vieux Romanciers. On y voyoit preſque tous ceux

qui ont efcrit depuis Philippes Auguste iufques au grand Roy François, & parce que Voiture auoit pris vn fingulier plaifir à lire leurs ouurages & à trauailler en leur ftile, ils vouloient pour le recompenfer croniquer fes faits, & donnoient en paffant vn inuentaire des chapitres du Roman qu'ils pretendoient en efcrire, celuy qu'on m'a apporté dit ainfi,

S'ENSVIT LA TABLE DES CHAPITRES de la grand' Chronique du noble Vetturius.

¹ Du grand & horrible combat de Vetturius contre Brun de la Cofte, & comme Vetturius fit fa priere au Dieu Mars, qui ne luy feruit de rien.

CHAPITRE I.

Comme le Comte ²Guicheus, le Cheuali er de la Mouche ³ & le Gentil Arnaldus Gabans entr'eux trois enuoyerent par vn Meneftrel ioyeufetez rimées à Vetturius, & fa refponfe.

CHAP. II.

Comme Vetturius arriua à la Cour de la Reyne Lionnelle de ⁴ Galle, comme il en deuint amoureux, & comme il en fut chaffé par les menées de Hunault d'Armorique & de Rouffelin de Grenade.

CHAP. III.

nct, maifon de fon pere : Hunault, Mr. de la Hunaudaye de Bretagne, Rouffelin de Grenade Benfferade qui eft roux, & qui à caufe de la reffemblance de fon nom, fe dit des Abencerrages.

Du prodigieux spectacle qui apparut dans les iardins du Palais de la sage 5 Artenice : Comme Vetturius y fut blessé par le bon 6 Luitton qui les gardoit & qu'il combattit aux flambeaux.
CHAP. IV.

Comme apres la mort de Hunault d'Armorique, Lionelle vint visiter Vetturius chez vn 7 vauasseur, où il estoit au lict gisant de ses playes, comme il la mesprisa, & comme estant guery il fut à la conqueste de la Lyonne 8 du Temple marescageux.
CHAP. V.

Comme Vetturius entreprit la conduitte de la Reyne de 9 Sarmatie iusques au Chasteau des Peronelles, & comme Lyonelle l'y suiuit dans le Char de l'Enchanteur 10 Fiacron.
CHAP. VI.

De la Cour pleniere que tint le Duc 11 Grauelinor, où Vetturius introduisoit les Nains & autres Messagers, comme il seruoit au manger deuant l'Empereur de Lutece : & comme son premier Tresorier luy bailla en garde son Aumosniere.
CHAP. VII.

Comme 12 Cazalie fut deliurée des mains du Geant Gerion, par Herculin d'Austrasie, & de la noble Chronique que Vetturius en compila.
CHAP. VIII.

5 L'Hostel de Ramboüillet. Artenice, c'est Catherine. Elle s'appelle Catherine de Viuonne.

6 Luitton pour lutteur, c'est à dire côbattant.

7 C'est icy vn Hobereau, anciennement c'estoit vn arriere-Vassal, c'est à dire vn Gentil-hommeau Vassal du Vassal d'vn grãd Seigneur.

8 Mademoiselle Paulet qui loge au Maris du Temple, lyonne à cause de son courage & de ses cheueux dorez.

9 La Reyne de Pologne. Il la suiuit iusqu'à Peronne côme Maistre d'Hostel du Roy.

10 Vn carrosse de loüage, on les appelle des Fiacres, à cause de l'Image S. Fiacre, où il y en a beaucoup. 11 Mr d'Orleans qui a pris Graueline. Lutece, Paris. Mr d'Auaux Surintendant des Finances, le fit son premier Cômis. Aumosniere, bourse.

12 Cazal secouru par Hercule de Lorraine, c'est Monsieur le Comte de Harcourt.

Comme

Comme Vetturius sacrifia au Temple de la Diuine 13 Aplanie : & comme il y graua les vertus du Prince Porphirogene 14 & de la belle Megalopolie sa sœur.

CHAP IX.

D'vne lettre que l'incomparable 15 Germanicus & deux siens Cheualiers escriuirent à l'Illustre Iulie : & comme le genereux Osiermont d'Alsace se reposa de la response sur la Clergie de Vettutius, qui moult noblement s'en acquitta.

CHAP. X.

Comme Vetturius arriua au Palais des Fees, où il deuint carpe, d'vn merueilleux brochet 16 qu'il y trouua, qui auoit vaincu tous les poissons de la mer, & comme en presence de la Nymphe Galatée le brochet en fit son compere.

CHAP. XI.

Comme Vetturius composa mains Lays, & au dernier le 17 Lay de la fiévre qu'il harpa en presence de Germanicus au Tournoy des neuf preux: Et comme apres auoir ramentû les hauts faits de Germanicus, les neuf Preux l'assirent au dixiesme siege, surnommé par Merlin le siege d'accomplissement de Cheualerie.

CHAP. XII.

C'est là en somme ce que contenoit la matiere de ce Romant à laquelle M. François Rabelais auoit ad-

E

13 Madame la Princesse la Doüairiere à cause de la deuise de Montmorancy APLANOS, sincerement.

14 Mr le Prince & Madame de Longueuille.

15 Mr le Prince Monsieur de la Moussaye & Mr. Arnaut escriuirent en Vers à Mr de Montozier, Oziermont, Montozier, Gouuerneur d'Alsace.

16 Cela est fondé sur la lettre de la Carpe, ils auoient ioüé au jeu des poissons, où Mr le Prince estoit le brochet.

17 La piece sur la maladie de Mr le Prince qu'il recita à Chantilly, où Mr le Prince & sa Cour couroient la bague.

jousté six Chapitres par la permission de ses deuan-
ciers, dautant, disoit il, qu'il estoit bien aise de s'ac-
quiter aussi bien qu'eux des honneurs qu'il auoit re-
çeus du mort, & que les choses qu'il auoit à adiou-
ster ne se pouuoient bonnement escrire qu'en stile
Pantagruelique, ces Chapitres apprenoient,

Comme Vetturius cribloit de nuit dans l'Vniuer-
sité d'Orleans, & comme vn matois Normand 18 luy
couppa les doigts.

CHAP. XIII.

18 Le Presi-dent des Ha-meaux contre qui il s'estoit battu en duel.

Comme vn Esprit folet emporta Vetturius au
Royaume des Alphabets, 19 où il accorda les lettres:
Comme il en fut remercié par le Roy Tarin 20 de
Grammaire, & comme il entretint la Prophete
Bdel-neufgermicoplant 21 en son patois.

CHAP. XIV.

19 C'est la piece où quel-que lettres se plaignent de de n'entrer pas dans le nom de Neuf-ger-main.

20 Tarin Pro-fesseur en Elo-quence.

21 Neuf-Ger-main.

Comme Vetturius arriua en l'Isle des Menson-
ges, où il s'amouracha de la belle Extraordinaire,
22 fille de Nasin de Gazette, Dinaste 23 du pays. Côme les Archiues luy en furent monstrées, où il ne vit
qu'histoires Hebdomadaires, 24 qui ne contenoient
que billeuesées.

CHAP. XV.

22 La fille de Renaudot le Gazetier

23 Dinaste Prince, Nasin, pour sô nez en pied de mar-mite.

24 D'vne sep-maine, tous les Samedis.

25 Dans la let-tre à Monsieur de Colligny.

Comme vetturius apprenoit aux 25 Nouueaux
Mariez ce qui s'estoit passé entr'eux le iour de leurs
nopces.

CHAP. XVI.

Comme Vetturius se battoit nuict & jour, 26 &
de l'Edict des duels qui n'estoit pas fait pour luy.
CHAP. XVII.

Comme Vetturius emprunta 27 le cornet & les
dez de Bridoye, dont il ne pût trouuer chanse : &
comme il sembloit niaiser, & pourtant n'estoit grain
niais.

CHAP. XVIII.

Ces Romanciers estoient suiuis d'vne trouppe de
bonnes gens, se lamentans pitoyablement, C'e-
stoit nos vieux Poëtes que Voiture auoit remis en
vogue par ses Balades, ses Triolets & ses Rondeaux,
& qui par sa mort retournoient dans leur ancien
descry : Marot qui sur tout luy estoit le plus obligé,
se plaignant plus fortement que les autres, & à demy desesperé leur chantoit cette Balade.

BALADE.

Maistre Vincent nous auoit retirez,
Par ses beaux vers faits à nostre maniere,
Des dents des vers nos ennemis iurez
Du long oubly d'vne sale poußiere.
Comme iadis nous tenions cour pleniere,
Tout gentil cœur composoit vn Rondeau,
Vieille Balade estoit vn fruict nouueau,
Les Triolets auoient grosse pratique,
Tout nous rioit, mais tout est à vau-leau,
VOITVRE EST MORT ADIEV LA MVSE
ANTIQVE.

26 La Reyne
dit quand elle
sceut que Voi-
ture s'estoit
battu que l'E-
dict,&c.
27 Il ioüoit &
perdoit, il a-
uoit la mine
niaise.

Bien est raison que soyons esplorez
Quand Atropos la parque safraniere
En retranchant les beaux filets dorez
Où tant se plut sa sœur la Filandiere
A fait tomber Voiture dans la biere :
Rien nous faut-il prendre le chalumeau
Et tristement ainsi qu'au Renouueau,
Le Rossignol au boccage rustique
Chacun chanter en pleurant comme vn veau
VOITVRE EST MORT ADIEV LA MVSE
ANTIQVE.

Or nous serons par tout deshonorez,
L'vn sera mis en cornets d'espiciere,
L'autre exposé dans les lieux esgarez
Où les mortels d'vne posture fiere
Luy tourneront par messpris le derriere,
Plusieurs seront balayez au ruisseau,
Maint au foyer trainant en maint lambeau
Sera bruslé comme vn traistre heretique,
Chacun de nous aura part au gasteau,
VOITVRE EST MORT ADIEV LA MVSE
ANTIQVE.

ENVOY.

Prince Apollon vn funeste corbeau,
En croassant au sommet d'vn ormeau,
A dit trois fois d'vne voix prophetique
Bouquins, bouquins r'entrez dans le tombeau
VOITVRE EST MORT ADIEV LA MVSE
ANTIQVE.

La Deesse Badinerie suiuoit les Auteurs, sa tristesse paroissoit badine, & elle estoit accompagnée du vieux badin que vous connoissez.

Il me semble que ie le Voy
De noir comme vn Page vef- tu
En sa nouuelle tablatu- re
Cherchant trois rimes à Voyture.

Il cheminoit en ce con- voy
Le front ridé, l'œil abba- tu
La barbe iusqu'à la ceintu- re
Triste du trespas de Voiture

Cet homme menoit Pegaze en main, & ce cheual venoit là, par ce que comme Voiture estoit petit
il auoit accoustumé de s'agenoüiller badinement
toutes les fois qu'il vouloit monter dessus. Le pauure cheual marchoit auec grand peine, tant il auoit
les iambes de derriere gorgées de ces eaux qui luy
descendent incessamment, & qui se sont tellement
corrompues sur sa vieillesse, qu'enfin elles ont fait
vn vilain marais au pied du Parnasse, & produit
toutes les grenoüilles poetiques dont nous sommes
persecutez.

Comme vn vieux cheual de ren- voy
Maigre, harassé, courba- tu
Venoit la debile montu- re
Aux funerailles de Voiture.

Son corbeau [1] & son chien y venoient aussi, le
corbeau iettoit des cris pitoyables, & le chien ne
disoit mot, au contraire, il marchoit fort pensif, &
tenoit la queue entre les iambes: On s'estonna fort
de n'y voir point le [2] Grillon, le Hibou, la Tortuë,

F

Neuf- Ger-
main qui fait
des Vers, les
syllabes du
nom de celuy
pour qui il les
fait seruant de
rimes.

1 Il auoit vn
corbeau & vn
chien.

2 On enuoya à
Mr Esprit pour
estresnes vn
grillon, vn hi-
bou, vne tortuë
& vne taupe,
& Voiture
fit des Vers sur
cette galäterie.

& la Taupe, à qui Voiture auoit donné l'immorta-
lité dans ſes ouurages, & qui à moins d'vne eſtrange
ingratitude ne pouuoient luy refuſer les derniers
deuoirs : Mais le miſerable eſtat où le deſeſpoir de
cette mort les auoit reduits, & dans lequel ils ſont
encore, les deuoit bien excuſer : vous aurez peine à
croire ce que ie vous en vais dire, & vous ne vous
imagineriez iamais les choſes que leur douleur les
force de faire, ſi vn autre que moy vous les racontoit,
Mais ie vous les garantis vrayes, & ie les ſçay d'ori-
ginal.

Le Grillon ſaiſi de douleur,
Voulant mourir en ce malheur,
S'eſtoit cheminant ſur les piſtes
Des anciens Gymnoſophiſtes,
Au trauers des flammes ietté,
Et dans vn four precipité:
Mais tous ces amis qui coururent,
A point nommé le ſecoururent,
Lors que les ardeurs du fourneau
Commençoient à griller ſa peau:
Maintenant contre ſon enuie
Forcé de conſeruer ſa vie,
Gardé des ſiens, plein de courroux,
Il ſe renferme dans les trous,
Et pres des fours fait ſa demeure,
N'attendant là ſinon quelque heure
Que les gens ne s'en doutent pas,
Afin de courir au treſpas,
Monſtrant par vne voix dolente
Qu'empeſcher ſa fin violente,
Luy cauſe vn immortel ennuy,
Et portant touſiours auec luy
Sur ſa peau plus noire que meûre,

D'illustres marques de brassure,
Comme autrefois on remarqua
La femme du grand Seneca,
Portant sur son visage passe
Des marques d'amour coniugale.
Le Hibou l'vnique soulas,
Et les delices de Pallas,
Qui deuant que le bon Voiture
Eust suby la loy de nature,
Ne recherchoit que l'entretien
Du gentil peuple Athenien:
Maintenant, dont chacun s'estonne,
Ne voulant frequenter personne,
Melancholique, songe-creux,
D'vn esprit fantasque & hideux,
Soubs des toicts remplis d'araignées,
Ou dans des forests esloignees,
Il fuit la lumiere du iour,
Et lors que la nuit à son tour,
Couure l'Vniuers de tenebres:
Il pousse mille cris funebres,
Songeant seulement à gémir
Sans se coucher & sans dormir.
D'ailleurs la discrette Tortue
Pleine de l'ennuy qui la tue,
De voir dans la tombe enfermé
Le mortel qu'elle a tant aymé
Pour cacher sa douleur secrette,
De crainte que l'on n'en caquette,
Choisit sa petite maison,
Comme vne eternelle prison,
Et la seule veufue & depite,
Ne recoit aucune visite,
De la vient qu'assez à propos
Le monde dit que sur son dos
Elle portera sa demeure,
Iusques au moment qu'elle meure

Sans s'en esloigner tant soit peu
Quand mesme on y mettroit le feu,
Et sans desormais plus paraistre,
Qu'vn peu la teste à la fenestre:
Mais on tient pour tout asseuré,
Que la Taupe a si fort pleuré
Qu'enfin elle a perdu la veue.
Qu'elle dit qu'elle est resolue
De porter tousiours le grand deuil
Et pour rencontrer le cercueil
Qui le fameux Voiture enserre
De fouiller par toute la terre
Cherchant sur tout dans les jardins
Comme croyant que les iasmins
Et les fleurs de cette nature,
Naissent sur cette sepulture,
Ou le plus insolent hyuer
N'oseroit les aller trouuer,
Au reste bien determinée
Ne cessant ny nuict ny iournée,
De trauailler aueuglement
Que si dans ce beau monument
Le destin permet qu'elle arriue
De s'enterrer là toute viue,
Et d'accompagner à la mort
Voiture qu'elle ayma si fort.
Or maintenant ie vous demande
Si cette miserable bande
Ne pouuoit pas honnestement
S'excuser de l'enterrement.

La representation de Voiture paroissoit enfin
couronnée de laurier, & portée sur les espaules de
huict beaux garçons : C'estoient les ieux & les ris
qui l'auoient accompagné pendant sa vie: mais les
ris estoient melancholiques, & les ieux ne prenoient

rien

rien en ieu, les quatre coings du grand drap, sur lequel cette figure estoit posee, estoient soustenus par
Ronsard, des Portes, Bertault & Malherbe, Iupiter
menant Apollon, neuf des plus grandes Deesses,
chacune vne Muse. Le reste de nos Poëtes des
derniers temps suiuoient la figure & fermoient le
Conuoy, y ayant vne telle foule le long du chemin qui va du Temple d'Apollon au Temple de
Themis, où on a esleué la sepulture des grands hommes, que sans les Satyres qui faisoient faire place à
coups de tirses, la pompe auroit eu peine à passer:
Les lauriers rompant sous le faix de la canaille poë-
tique qui auoit monté dessus, & tout le monde
auoüant que depuis les funerailles de Catulle, que
son siecle regardoit comme le nostre a fait Voiture,
on n'auoit point veu au Parnasse vne si belle assem-
blée. Apres qu'on eut rendu les derniers deuoirs à
l'Image du deffunct, Apollon couronné de cyprez,
tenant vn luth & s'auançant deuant les hommes &
deuant les Dieux, chanta des vers. En cet endroit si
i'eusse creu l'enthousiasme, i'aurois poussé quantité
de vers, mais la raison s'estant presentée à poinct
nommé, & m'ayant monstré qu'il ne m'appartenoit
pas de faire parler Apollon ny de loüer Voiture, i'ay
esté obligé d'en demeurer là, mon dessein estoit
apres luy auoir donné toutes les louanges qu'on
peut donner à vn homme d'esprit, & qu'il meritoit
sans doute, de le faire choisir par Apollon pour son
Collegue à l'Empire de la Poësie, & de faire ordon-
ner à ce Dieu, que d'oresnauant les Auteurs l'inuo-

queroient au commencement de leurs ouurages.

De plus ie luy voulois baſtir en ces bas lieux
Vn Temple & des Autels d'eternelle ſtructure
Ie voulois le placer aux Cieux
Et nommer de ſon nom quelque eſtoille Voicture
Comme nous appellons l'aſtre du Nort Arcture
Mais pour bien faire voir ces choſes par eſcrit
Et dignes de Voicture & dignes de paraiſtre
Il faudroit eſtre bel eſprit
Et ie n'ay pas l'honneur de l'eſtre.

FIN.